처음 시작하는 IB 수업

1

Who We Are

나를 알아가요

정체성, 관계, 건강을 통해 나를 이해하는 이야기

김선 지음

혜화동

Table of contents 차례

나와 우리를 찾아가는 마음 여행

'나는 누구일까?'

"우리는 어떻게 함께 살아갈 수 있을까?"

이 책은 나 자신을 이해하고, 다른 사람들과의 관계를 탐구하는 통합적 탐구서입니다.

IB PYP의 '우리는 누구일까요' 주제를 바탕으로, 학생들이 정체성, 감정, 가치, 공동체 의식을 스스로 발견하고 표현할 수 있도록 설계되었습니다.

한국의 통합 교과, 도덕, 미술, 체육 등과 연결하여 학생들이 자기 자신과 타인을 존중하고, 더불어 살아가는 힘을 기를 수 있도록 도와줍니다.

1장
나는 누구일까요?

정체성과 자기 이해

중심 개념

정체성
(Identity)

관련 개념

자기 표현(Self-expression)
감정(Emotion)

사고 개념

형태
(Form)

연계 교과

- 국어: 자기소개 글쓰기 • 나 표현하기 · 글과 말로 드러내기
- 도덕: 나 이해하기 • 친구와 다름 존중하기 • 배려하는 태도 기르기
- 바른 생활: 생활 습관 돌아보기 • 자기 존중하기
- 슬기로운 생활: 가족 · 주변 사람 속 나 탐구하기 • 공동체 속 역할 알기
- 즐거운 생활: 놀이 · 그림 · 색깔로 나 표현하기 • 친구와 함께 활동하기
- 음악 · 미술: 노래 · 소리 · 그림으로 정체성 표현하기

탐구 질문

❖ 나는 어떤 사람일까요?
❖ 나의 정체성은 어떻게 표현할 수 있을까요?

교과서 속 연결 이야기

국어, 도덕, 바른 생활, 슬기로운 생활, 그리고 즐거운 생활 시간에도 '나는 누구일까?'라는 질문과 연결된 활동들을 해 본 적이 있을 거예요.

국어 교과서에서는 자기소개 글을 쓰거나, 나를 표현하는 글을 통해 내가 어떤 사람인지 말과 글로 드러내는 방법을 배우게 되지요.

도덕 수업에서는 '서로 다른 나와 친구'를 비교해 보며, 나의 개성과 성격을 존중하는 태도와 함께 친구의 다름을 이해하고 배려하는 법을 익혀요.

바른 생활에서는 자신의 생활 습관을 돌아보고, 나를 존중하는 태도를 기르는 과정에서 자기 이해를 깊게 할 수 있어요.

슬기로운 생활에서는 가족이나 주변 사람과의 관계 속에서 나의 모습을 탐구하고, 내가 속한 공동체에서 어떤 역할을 하고 있는지도 알아가게 되지요.

또한, **즐거운 생활** 시간에는 그림이나 색깔, 놀이를 통해 자신을 자유롭게 표현하며, 내가 좋아하는 것과 나만의 특징을 창의적으로 나타낼 수 있어요.

음악과 **미술** 활동에서는 노래나 그림을 활용해 나의 정체성을 좀 더 풍부하게 드러낼 수도 있답니다.

이런 다양한 교과 속 경험들은 내가 어떤 사람인지 더 잘 알게 해 주고, 친구와 나의 차이를 이해하면서 함께 살아가는 힘을 길러 줍니다.

진우의 자기소개

"오늘은 자기소개서를 써 볼거예요."

선생님의 말씀에 진우는 연필을 들고 곰곰이 생각했어요.

'내 이름과 나이는 이미 모두 알고 있는데….'

'대체 나를 소개하려면… 뭘 써야 하지?'

진우는 거울을 들여다봤어요.

조금 진지한 눈, 그리고 동그란 턱.

'하지만 그건 겉모습일 뿐이잖아.'

'내가 누구인지… 나도 잘 모르겠는데?'

그날 저녁, 진우는 가족과 저녁을 먹으면서 아빠에게 물었어요.

"아빠, 나는 어떤 사람일까요?"

아빠는 웃으며 대답했어요.

"진우는 말이 많은 편은 아니지만 주변 친구들을 잘 챙기지. 관찰력도 좋고, 배려심도 많아."

"그리고 네 그림은 볼수록 감정이 담겨 있어. 그게 너야."

진우는 깜짝 놀랐어요.

'나는 그냥 평범한 줄 알았는데… 나도 나만의 모습이 있네?'

다음 날, 진우는 자기소개 글에 이렇게 썼어요.

나는 조용하지만 친구의 표정을 잘 살펴요.

그림을 통해 내 마음을 표현하는 것을 좋아하고,

내가 아끼는 사람에게 조용히 다가가는 것을 잘해요.

아직도 나에 대해 더 알아가는 중이지만,

그런 나도 참 괜찮다고 생각해요.

정체성이란 무엇일까요?

정체성이란 내가 누구인지, 어떤 사람인지를 알려 주는 나만의 특징이에요.

정체성에는 내가 좋아하는 것, 잘하는 것, 성격, 가족과 친구와의 관계, 내가 사는 곳, 내가 중요하게 생각하는 가치 등이 포함돼요. 예를 들어, 나는 그림 그리기를 좋아하고, 달리기를 잘하며, 조용한 성격을 가지고 있어요.

또 가족과 함께 시간을 보내는 것을 소중하게 여기고, 친구들과 어울리는 것을 즐긴다면, 이런 모든 것들이 나의 정체성을 만드는 부분이에요.

정체성을 알면 내가 어떤 사람인지 더 잘 이해할 수 있어요. 그리고 친구들과 서로 다름을 이해하고 존중할 수 있어요. 친구가 좋아하는 것과 내가 좋아하는 것이 다르더라도, 서로를 이해하면 함께 즐겁게 지낼 수 있지요.

정체성은 글, 그림, 말, 행동 등 다양한 방법으로 나타낼 수 있어요. 내가 좋아하는 색으로 이름표를 만들거나, 생각과 느낌을 그림으로 표현하는 것도 정체성을 보여 주는 방법이에요.

정리하면, 정체성은 '나를 나답게 만드는 모든 것'이에요.

내가 누구인지, 무엇을 좋아하고, 무엇을 중요하게 생각하는지를 알려 주는 중요한 기준이랍니다.

나를 소개하는 소책자 만들기

이제, '나라는 사람'을 한눈에 보여 주는 나만의 소책자를 만들어 볼
까요? 하얀 종이를 반으로 접고, 그 위에 멋지게 제목을 써 주세요.
예를 들면, "나를 소개합니다 – 반가워요! ○○○입니다"처럼요.

나를 소개합니다
반가워요! ○ ○ ○입니다

안쪽에는

- 나를 표현하는 단어 3가지(예 웃음 많은, 꼼꼼한, 조용한)

- 내가 소중히 여기는 것들(예 가족, 정직, 상상력)

- 친구들이 자주 해 주는 말

- 나를 닮은 캐릭터나 내가 좋아하는 동물 그림을 적고 꾸며 보세요.

다 만든 소책자는 친구와 바꿔 읽어 보고, "왜 이 단어를 골랐어?", "이건 너랑 정말 잘 어울려!" 같은 이야기를 나누는 활동도 해 보세요. 서로를 더 잘 알게 되는 멋진 시간이 될 거예요.

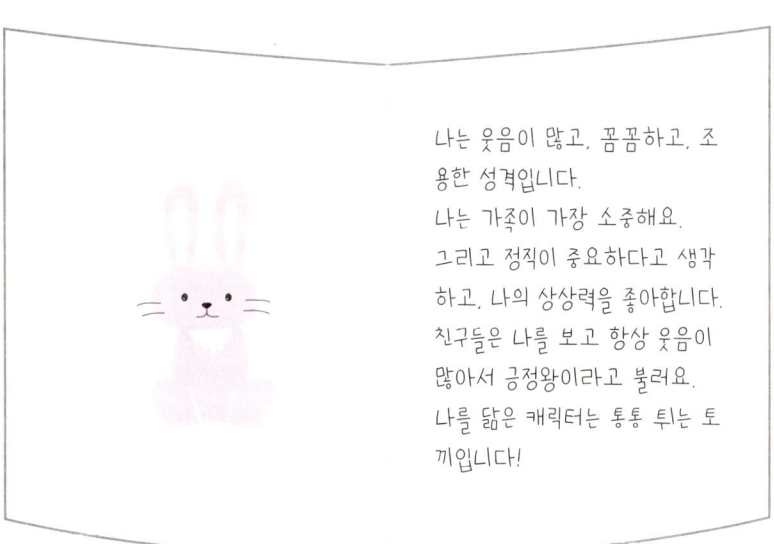

나는 웃음이 많고, 꼼꼼하고, 조용한 성격입니다.
나는 가족이 가장 소중해요.
그리고 정직이 중요하다고 생각하고, 나의 상상력을 좋아합니다.
친구들은 나를 보고 항상 웃음이 많아서 긍정왕이라고 불러요.
나를 닮은 캐릭터는 통통 튀는 토끼입니다!

2장

내 얼굴이 말해 주는 이야기

감정과 문화의 표현

중심 개념

얼굴
(Face)

관련 개념

감정(Emotion)
문화(Culture)

사고 개념

형태(Form)
관점(Perspective)

연계 교과

- 바른 생활: 거울 속 표정 관찰하기 • 자기 이해와 존중 기르기
- 수학: 도형의 합동과 성질 이해하기 • 대칭 원리 탐구하기
- 국어: 감정을 글과 말로 표현하기 • 친구의 마음 이해하기
- 미술: 얼굴 특징 관찰하기 • 선과 색으로 감정 담아내기

탐구 질문

❖ 내 얼굴은 나에 대해 무엇을 말해 줄까요?

교과서 속 연결 이야기

자화상을 그릴 때 우리는 단순히 얼굴을 그리는 것에 그치지 않고, 내 마음과 감정을 함께 표현하게 돼요. 거울 속 표정을 자세히 관찰하다 보면 "나는 지금 어떤 기분일까?"라는 질문을 자연스럽게 떠올리게 되지요.

바른 생활에서는 나를 이해하고 존중하는 태도를 배우는데, 거울 속 내 표정을 바라보며 감정을 알아차리는 것은 자기 이해와 존중을 실천하는 방법이에요. 이렇게 자기 모습을 긍정적으로 바라보는 습관은 친구와 함께 생활할 때도 도움이 됩니다.

수학에서는 도형의 합동과 성질을 이해하고, 선대칭과 점대칭의 원리를 배우며 도형을 그려 보는 활동을 해요. 거울에 비친 얼굴을 관찰하고, 좌우가 대칭인 특징을 탐구하면서 수학적 개념을 실제 생활과 연결할 수 있지요.

국어에서는 내 생각과 감정을 글이나 말로 표현하는 법을 배워요. 기분을 문장으로 써 보거나, 친구의 표정을 묘사하는 글을 쓰는 것은 나와 다른 사람의 마음을 이해하는 힘을 길러 줍니다. 자기소개 글이나 감정 표현 글쓰기는 자화상 활동과도 자연스럽게 이어져 있어요.

미술에서는 자화상 단원을 통해 얼굴의 특징을 관찰하고, 선과 색으로 감정을 담아내는 방법을 배워요. 색깔 하나, 선의 굵기 하나에도 지금의 기분과 마음을 표현할 수 있지요. 자화상은 나의 모습을 드러내는 동시에 감정을 기록하는 특별한 그림이 됩니다.

이처럼 자화상 그리기는 얼굴을 그리는 것을 넘어 나의 감정과 마음을 표현하며, 자신을 이해하고 존중하는 태도를 길러 주는 배움이 됩니다.

강우의 얼굴

"강우야, 네 얼굴에 집중하는 모습이 그대로 담겨 있어. 눈썹이 쭉 모였어!"

미술 시간, 선생님이 말씀하셨어요. 오늘은 자화상을 그리는 날이에요. 거울을 들여다보며 자기 얼굴을 천천히 관찰하던 강우는 그동안 눈여겨보지 않아서 몰랐던 나의 모습이 보였어요.

'나는 웃을 때 눈이 이렇게 작아지네? 그리고 생각보다 코가

동그랗고, 입꼬리가 한쪽만 올라가 있네!'

'이게 나구나.'

강우는 조용히 웃었어요.

그리고 붓을 들어 얼굴을 그리기 시작했어요. 눈을 작게 그리고, 눈썹은 진하게, 코는 동그랗게. 그런데 색깔을 고르다가 멈칫했어요.

'그렇다면 지금 내 기분은 무슨 색일까?'

강우는 파란색과 초록색을 골랐어요. 오늘은 차분하면서도, 조금 설레는 날이니까요.

"자화상은 단순히 얼굴의 모양만 그리는 게 아니에요."

선생님께서 말씀하셨어요.

"나의 기분이 담긴 표정과 색깔, 눈빛 속에 담긴 감정과 마음까지 담는 거랍니다."

비대칭(Asymmetry)과 얼굴

'대칭'이란

어떤 도형이나 물체를 기준선(대칭선)을 중심으로 나눴을 때, 양쪽의 모양과 크기가 완전히 똑같은 상태를 말해요. 이때 양쪽은 서로 겹칠 수 있어야 해요.

이것을 선대칭 또는 좌우대칭이라고 해요.

(예) 나비의 날개, 하트 모양, 정사각형)

반대로, '비대칭(非對稱)'은 기준선으로 나눴을 때 양쪽이 서로 다른 모양이나 크기를 가지는 경우예요.

사람 얼굴처럼요!

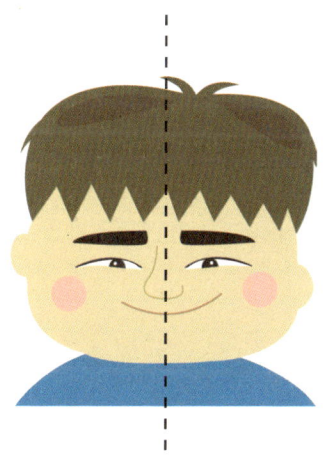

얼굴은 왜 비대칭일까?

사람의 얼굴은 눈, 코, 입, 귀 등으로 구성되어 있지만,

- 왼쪽 눈과 오른쪽 눈의 크기가 다를 수 있고

- 코는 정중앙에서 조금 비뚤어져 있을 수도 있고

- 웃을 때 한쪽 입꼬리만 올라갈 수도 있어요.

이처럼 얼굴은 완전한 선대칭이 아니고 약간의 비대칭 구조로 되어 있어요.

이 비대칭은 수학적으로 보면,

- 대칭축을 기준으로 좌표의 위치가 다르다거나
- 각도나 거리((예) 눈과 코 사이의 거리, 입꼬리의 높이)가 다르다는 것을 의미해요.

수학과 얼굴의 연결 포인트

✔ 대칭선(Line of symmetry)
  - 대칭의 기준이 되는 선

✔ 좌우대칭 비교
  - 각 부위가 대칭인지 아닌지 비교

✔ 거울 그림(Symmetric reflection)
  - 한쪽을 기준으로 반대쪽을 그리는 활동

✔ 좌표와 거리
  - 특정 얼굴 특징 간의 상대적 위치 이해

자화상 속 숨은 나 찾기

이번엔 여러분 차례예요! 강우처럼 자신의 얼굴을 천천히 들여다보면서 나를 표현해 볼까요?

1. 거울을 보고 오늘의 표정을 관찰해 보세요. 기분에 따라 눈의 모양, 입꼬리의 방향, 이마의 주름도 달라져요.

2. 오늘의 기분을 색깔로 나타낸다면 어떤 색이 떠오르나요? 그 색으로 배경을 칠해 보세요. 파란색, 노란색, 회색, 무지개색… 어떤 색도 괜찮아요. 감정은 모두 다르니까요.

3. 얼굴을 반으로 나눠서 왼쪽과 오른쪽을 비교해 보세요. 중심선을 기준으로 대칭 개념도 이해해 봐요. 꼭 수학 같지만, 사실 재미있는 얼굴 탐험이죠!

4. 내 얼굴에서 가장 좋아하는 부분은 어디인가요? 눈? 코? 입?

   왜 그 부분이 좋다고 느끼는지도 함께 적어 보세요.

   자화상을 다 그리고 나면, 자신에게 이렇게 말해 주세요.

   "이게 바로 나야."

❖ 탐색 질문

   ▪ 내가 그린 얼굴은 어떤 감정을 담고 있나요?

   ▪ 다른 친구의 자화상을 보며, '저 친구는 이런 성격일 것 같아!'

     라고 느낀 적이 있나요?

   ▪ 우리는 얼굴만 보고 사람을 판단해도 될까요?

이 질문들을 통해 우리는 '형태(Form)'와 '관점(Perspective)'에 대해 생각하게 돼요. 내 얼굴에는 나만의 이야기가 담겨 있고, 다른 사람의 얼굴에도 그 사람만의 감정과 문화가 담겨 있답니다.

나의 얼굴, 대칭일까?

1. 관찰하기

거울이나 사진을 보고 내 얼굴을 반으로 나눠 관찰해 보세요. 아래 항목을 비교하며 O/X로 표시해 봐요.

항 목	좌우가 비슷하면 O	좌우가 다르면 X
눈의 크기		
눈썹의 길이		
콧등의 중심 위치		
입꼬리 높이		
귀의 위치		

▶ 총 몇 개가 대칭인가요? _____개

▶ 가장 많이 다른 부분은 어디인가요? _____

2. 선대칭 이해하기

도형을 보며 선대칭이 되는지 확인해요.

Q. 아래 그림 중 선대칭인 것을 모두 골라 표시해 보세요.

☐ 나비 ☐ 사람 얼굴 ☐ 책상 위 컵 ☐ 하트 ☐ 숫자 3 ☐ 알파벳 A

3. 좌우 길이 비교하기

자 또는 종이자를 이용해 내 얼굴의 다음 거리를 실제로 재어 보세요. 단위는 cm, 소수점은 반올림해도 좋아요.

비교 항목	왼쪽(cm)	오른쪽(cm)	어느 쪽이 더 긴가요?
눈~코 사이 거리			
입꼬리~귀 끝 거리			
눈~귀까지 거리			

▶ 나의 얼굴은 좌우 거리도 비슷한가요? 다르다면 얼마나 차이가 나나요?

4. 생각 정리하기 – 탐구 글쓰기

내 얼굴은 완전한 대칭일까? 관찰 결과와 수학 개념을 바탕으로, 나만의 얼굴 특징을 정리해 보세요. (3~5문장)

_____

_____

_____

_____

_____

_____

_____

반 고흐의 자화상

빈센트 반 고흐는 19세기 네덜란드에서 태어난 화가예요. 그는 살아 있을 때는 크게 알려지지 않았지만, 지금은 전 세계 사람들이 사랑하는 위대한 예술가로 평가받고 있지요.

반 고흐는 생애 동안 약 2천 점에 가까운 작품을 남겼는데, 그중 자신의 얼굴을 그린 자화상만 해도 30점이 넘어요.

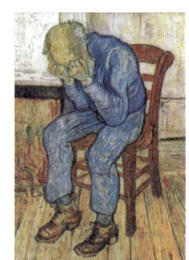

반 고흐가 자화상을 많이 그린 데에는 몇 가지 이유가 있어요. 무엇보다 그는 매우 가난했기 때문에, 다른 사람을 모델로 삼아 그림을 그리기가 쉽지 않았어요. 그래서 그는 가장 가까이에서 언제든지 관찰할 수 있는 대상인 '자신'을 그리기 시작했어요. 거울을 보며 자신의 얼굴을 그리는 연습은, 인물화 실력을 키우는 데에도 큰 도움이 되었지요.

하지만 단순한 연습만을 위해 자화상을 그린 것은 아니었어요. 반 고흐는 감정의 변화가 심한 사람이었고, 마음속 고민과 불안, 외로움을 그림 속에 담아내고 싶어 했어요. 그래서 그의 자화상은 그날의 감정과 상태에 따라 서로 다른 분위기를 가지고 있어요. 어떤 자화상은 차분하고 고요하지만, 어떤 자화상은 눈빛이 날카롭고 배경 색도 강렬하답니다.

이처럼 자화상은 단지 얼굴을 그린 그림이 아니라, 자신의 마음을 드러
내는 창문과 같은 역할을 했어요.

특히 1889년에 그린 《귀에 붕대를 한 자화상》은 반 고흐가 정신적으
로 매우 힘든 시기를 겪은 후에 그린 그림으로 유명해요.

그림 속의 그는 고개를 살짝 돌리고, 차가운 색감으로 구성된 배경 앞에
조용히 앉아 있어요. 그림을 자세히 들여다보면, 슬픔과 고통 속에서도

담담히 자신을 바라보는 그의 시선이 느껴져요.

반 고흐는 이처럼 색을 통해 감정을 표현하는 데에도 능했어요. 파란색은 외로움과 차분함을, 노란색은 희망과 따뜻함을, 회색은 고요함을 나타내는 등, 그는 단순한 색의 선택이 아니라 감정의 언어로서 색을 사용했지요.

반 고흐의 자화상은 그림을 통해 자기 자신을 이해하고 표현하려 했던 한 예술가의 진심이 담긴 기록이에요. 이러한 작품들을 보면, 그림 한 장 속에도 사람의 마음과 이야기가 얼마나 깊이 담길 수 있는지를 알 수 있어요.

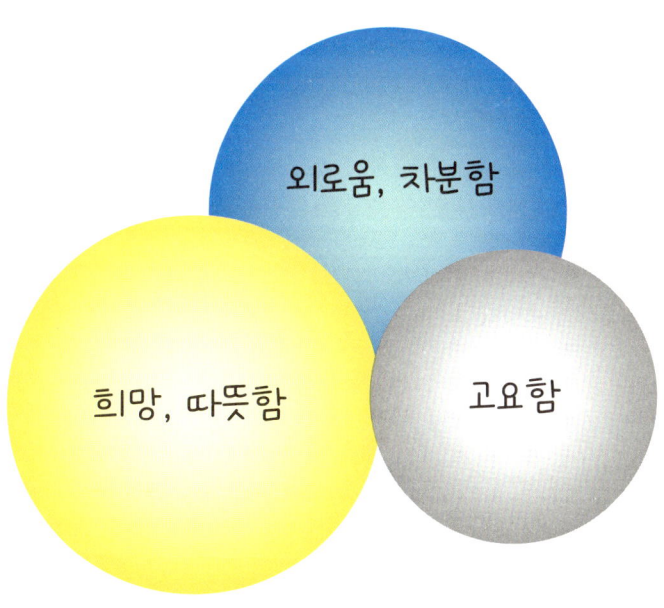

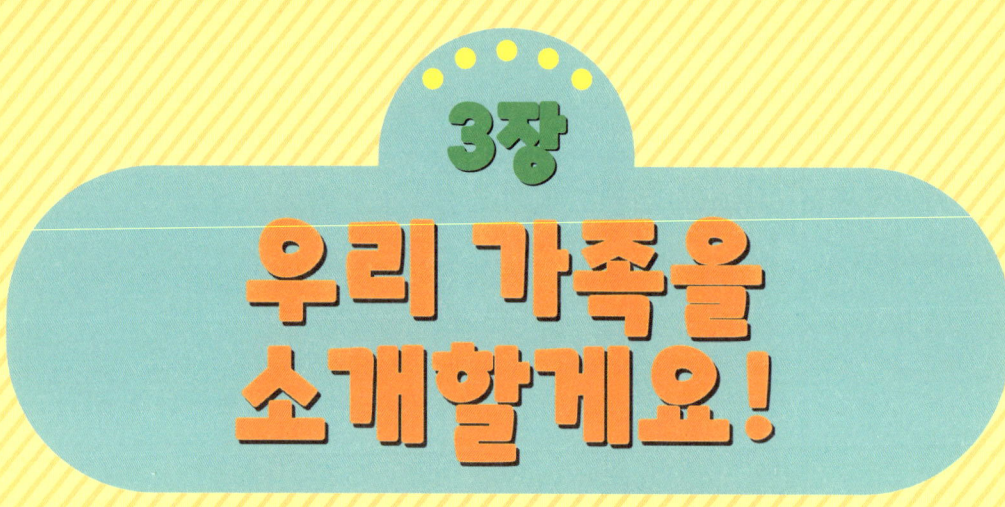

3장

우리 가족을 소개할게요!

공동체와 관계의 연결

중심 개념
가족
(Family)

관련 개념
관계
(Relationship)

사고 개념
연결
(Connection)

연계 교과

- **바른 생활**: 가족과 함께 생활하며 서로 존중하기•공동체 속 역할 알기
- **슬기로운 생활**: 가족생활 모습 탐구하기•나와 가족의 관계 이해하기
- **즐거운 생활**: 가족과 함께 놀이•활동하기•경험을 그림•기록으로 표현하기
- **국어**: 가족 소개 글쓰기•감정과 생각을 문장으로 표현하기
- **도덕**: 가족의 소중함 알기•감사와 배려 실천하기

탐구 질문

❖ 우리는 가족 안에서 어떤 연결 속에 살아갈까요?

 교과서 속

연결 이야기

가족을 소개하는 활동은 여러 교과에서 배우는 배움과 자연스럽게 이어져 있어요.

바른 생활에서는 가족과 함께 지내며 서로를 존중하고 배려하는 태도를 길러요. 집안일을 돕거나 가족의 하루를 돌아보는 것은 내가 공동체 속에서 어떤 역할을 하고 있는지를 느끼게 해 줍니다.

슬기로운 생활에서는 가족의 생활 모습을 탐구하고, 나와 가족이 어떤 관계로 이어져 있는지를 살펴봐요. 내가 가족 안에서

맡은 역할을 알아보는 것은 더 큰 공동체로 나아가기 위한 첫걸음이 됩니다.

즐거운 생활에서는 가족과 함께 어울리며 놀이하거나, 가족과의 특별한 순간을 그림이나 색깔로 표현해요. 또한, 일기나 작은 기록을 통해 가족과 함께한 경험에 의미를 부여할 수 있습니다.

국어에서는 가족을 소개하는 글을 쓰며, 이름과 특징을 정리하고, 내가 느낀 감정과 생각을 문장으로 표현하는 방법을 배워요. 글쓰기를 통해 가족과 나의 관계를 다른 사람에게 알리고, 나를 더 잘 드러낼 수 있습니다.

도덕에서는 가족의 소중함을 알고, 감사하는 마음과 서로 돕는 태도를 배워요. 동생을 보살피거나 부모님을 도와드리는 작은 행동들이 바로 도덕 수업에서 강조하는 생활 속 실천이랍니다.

이렇게 가족을 소개하는 활동은 바른 생활, 슬기로운 생활, 즐거운 생활, 국어, 도덕이 함께 이어져 가족이란 가장 가까운 공동체 속에서 서로 연결되어 살아가는 의미를 배우게 해 줍니다.

지우네 가족의 하루

"지우야, 엄마는 마트 다녀올게. 아빠는 세탁기 돌리고 있으니까, 동생 좀 봐줄래?"

"네! 예나랑 같이 그림 그릴게요."

지우는 동생 예나와 바닥에 엎드려 색연필을 들었어요.

예나는 아직 색칠이 서툴러서 자꾸 선 밖으로 벗어나요. 지우는 그런 예나에게 **"괜찮아. 나도 어릴 땐 그랬어."** 하고 웃으며 말해졌어요.

조금 뒤, 아빠가 부엌에서 외쳤어요.

"지우야, 세탁기 다 돌렸어! 세탁물 좀 빨랫줄에 널어 줄 수 있니?"

"네!"

지우는 예나 손을 잡고 빨래를 널러 베란다로 갔어요.

예나도 옷을 하나씩 건네주며 도왔어요.

엄마가 돌아오시고, 온 가족은 함께 저녁을 먹었어요.

식탁에서 예나가 말했어요.

"오늘 언니가 빨래 널 때 저도 옆에서 도왔어요. 우리 잘했죠?"

지우는 조금 쑥스러웠지만, 기분이 참 좋았어요.

"우리 가족은 팀이니까 서로 도와야지."

아빠가 말씀하셨어요.

그날 밤, 지우는 일기장에 이렇게 썼어요.

"우리 가족은 다 다르지만, 서로 도우면서 하나가 돼요. 우리가 연결되어 있다는 게 느껴졌어요."

공동체와 관계

'공동체'라는 말은 조금 어려워 보일 수 있지만, 아주 가까운 곳에서부터 시작돼요. 바로 가족이에요. 가족은 우리가 함께 살아가며 서로 도우며 지내는 가장 작고 가까운 공동체지요. 그 안에는 다양한 역할과 규칙이 있어요. 예를 들어, 엄마는 요리를 하고, 아빠는 빨래를 널고, 아이들은 함께 놀면서 서로를 도와주기도 해요. 각자 다르지만 함께 움직이는 하나의 작은 세상, 그것이 바로 공동체예요.

공동체 안에서 우리는 서로 관계를 맺고 살아가요. 관계란, 나와 누군가가 연결되어 있는 상태를 말해요. 이 연결은 눈에 보이진 않지만 아주 분명하게 존재하지요.

엄마와 나는 어떤 관계일까요? 자주 안아 주고 이야기를 나누는 사이라면, 그것은 '사랑'이라는 관계이고, 친구와는 '놀이'와 '웃음'으로 이어진 관계일 수도 있어요. 관계는 감정, 행동, 말, 몸짓으로 이어지는 보이지 않는 다리 같아요. 그리고 이 다리는 시간이 흐를수록 더 단단해지기도 하고, 소홀히 하면 약해지기도 해요.

그렇다면 '연관성'은 무엇일까요? 연관성은 내가 한 행동이 다른 사람에게 어떤 영향을 주는지에 관한 개념이에요. 쉽게 말해, 우리는 공동체 안에서 서로를 바꾸고 움직이게 만드는 힘을 주고받는 존재라는 뜻이에요.

지우가 동생 예나를 다정하게 도와줬을 때, 예나는 기뻐서 웃었고, 그 모습을 본 엄마는 마음이 따뜻해졌어요. 이것은 단순히 '지우가 동생을 도왔다'는 행동만으로 끝나는 것이 아니에요. 지우의 따뜻한 행동이 예나에게, 예나의 웃음이 엄마에게, 엄마의 미소가 다시 지우에게 돌아오는 감정의 파도가 만들어진 거예요. 이처럼 내가 한 말, 내가 보여 준 표정, 내가 도운 손길 하나가 공동체 안에서 퍼져나가며 연결된 사람들에게 영향을 주는 것, 그것이 바로 연관성이에요.

공동체는 관계로 이루어지고, 그 관계는 다시 수많은 연결과 영향을 통해 계속해서 변하고 자라요. 우리가 웃을 때, 옆 사람도 웃고, 누군가 속상할 때 같이 걱정해 주는 것처럼, 우리의 마음과 행동은 항상 서로에게 이어져 있지요. 그래서 공동체 안에서 우리가 어떻게 행동하느냐는 아주 중요해요. 내가 따뜻한 말 한마디를 하면 그것이 다른 사람의 하루를 밝게 만들 수도 있고, 반대로 화를 내거나 무시하면 상대방의 마음에 상처가 생길 수도 있어요.

이처럼 '공동체'는 함께 살아가는 틀이고, '관계'는 그 틀 안에서 서로 이어진 줄이며, '연관성'은 그 줄을 통해 오고 가는 감정과 행동의 영향력이에요. 이 세 가지는 서로 떼려야 뗄 수 없는 하나의 덩어리처럼 붙어 있답니다.

다른 교과와 함께 보는 '공동체'

사회과에서는 '우리 지역사회와의 연결'이라는 주제로, 사회 교과서에서는 가족에서 시작해 학교, 마을, 지역 사회로 공동체의 범위를 넓혀 활동을 진행해요. 공동체란 단순히 함께 사는 사람들이 아니라, 서로 돕고 규칙을 지키며 살아가는 집단이에요. 예를 들어, 마을 공동체에서는 이웃끼리 인사를 나누고, 쓰레기를 치우며 깨끗한 환경을 만들죠. 공동체에는 구성원, 규칙, 역할이 있으며, 모든 사람은 그 안에서 무언가를 주고받아요. 우리 가족은 가장 작은 공동체, 학교는 배우는 공동체, 마을은 생활 공동체라고 볼 수 있어요.

과학과에서는 '생태계와의 연결'을 주제로, 생물과 환경의 상호작용, 즉 생태계를 주제로 공부해요. 동물, 식물, 곤충, 사람 등 다양한 생명체들이 하나의 환경 안에서 공존하며 살아가죠. 꿀벌은 꽃에서 꿀을 얻고, 꽃은 꿀벌이 꽃가루를 옮겨 줘서 열매를 맺어요. 이것은 곧 자연 속 공동체예요. 생물들 사이의 상호 의존성을 통해 공동체의 개념을 이해할 수 있어요. 사람도 사회 속에서 서로 도움을 주고받으며 살아가고 있어요. 즉 공동체는 자연에도, 사람 사회에도 있는 개념이죠.

미술과에서는 '공동 작업 속 공동체 정신'을 주제로 협동화, 즉 여러 명이 함께 그리는 그림 활동을 하기도 해요. 함께 의논하여 주제를 정하고 협동하여 그림을 그려 완성해요. 이때 중요한 것은 내 생각만 고집하지 않고, 다른 사람의 의견을 존중하면서 협력하는 태도예요. 이처럼 예술 활동에서도 우리는 공동체 일부가 되어 함께 결과물을 만들어 가요.

체육과에서는 '팀워크와 규칙의 공동체'를 중심으로, 축구, 피구, 줄다리기 같은 팀 활동을 통해 공동체 개념을 익혀요. 나 혼자 잘하는 것이 아니라, 모두가 역할을 이해하고 협력할 때 게임에서 좋은 결과를 얻어요. 또, 경기 규칙을 지키는 것 역시 공동체 내에서의 질서와 책임을 배우는 과정이에요. 체육은 몸을 쓰는 활동이지만, 규칙, 배려, 팀워크를 통해 공동체 정신을 익히는 과목이기도 해요. 도덕과에서는 '함께 사는 태도 배우기'를 주제로, 가족 사랑, 친구와의 우정, 사회 예절 등을 배우며 공동체 안에서 필요한 존중, 배려, 책임, 협동의 중요성을 익혀요. 공동체는 단지 함께 있는 것이 아니라, 함께 살아가기 위한 태도를 배우는 공간이에요.

확장 활동 1

우리 가족 연결망 그리기

1. 가족 구성원 얼굴 그리기

네모 안에 엄마, 아빠, 나, 형제자매, 할머니, 할아버지를 그려요.

2. 서로 연결하기

서로 자주 대화하는 사람은 누구인가요? 누구와 함께 밥을 먹나요? 누가 누구를 도와주나요?

선을 이어서 연결해 보세요. 선이 많을수록 연결이 많아요!

3. 감정 적기

각 구성원 옆에 내가 느끼는 감정을 적어 보세요.

(예) '엄마 – 따뜻함', '형 – 든든함', '동생 – 귀여움')

❖ 탐색 질문

- 우리 가족에서 나는 어떤 역할을 하고 있나요?
- 가족 구성원 중 가장 자주 대화하는 사람은 누구예요? 왜 그럴까요?
- 나의 말이나 행동이 가족에게 어떤 영향을 주나요?
- 우리 가족은 어떤 방식으로 서로 연결되어 있나요?

확장 활동 2

가족 소개 글쓰기

1. 가족 구성원 소개해 보기

(예 우리 가족은 네 명이에요. 아빠, 엄마, 나, 여동생이 있어요.)

_____

_____

2. 가족의 특징 적기

(예 아빠는 키가 크고 요리를 잘해요. 엄마는 책 읽기를 좋아해요.

동생은 장난꾸러기예요.)

_____

_____

3. 나와 가족의 관계 표현하기

(예 나는 엄마와 자주 이야기를 나눠요. 동생과 놀아 주기도 해요.)

_____

_____

_____

_____

4. 마무리 문장 쓰기

(예 우리 가족은 서로 도우며 따뜻하게 살아가요.)

_____

_____

_____

_____

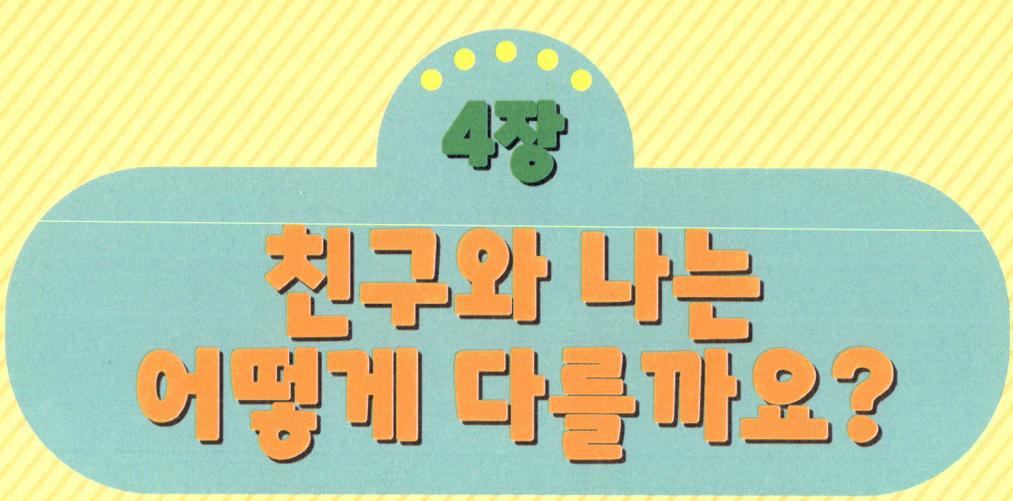

4장

친구와 나는 어떻게 다를까요?

다양성과 관점의 존중

중심 개념

차이
(Difference)

관련 개념

다양성(Diversity)
존중(Respect)

사고 개념

관점
(Perspective)

연계 교과

- 바른 생활: 친구의 차이를 존중하기 • 다양성을 자연스럽게 받아들이기
- 슬기로운 생활: 다른 문화와 생활 방식 탐구하기 • 넓은 공동체와의 연결 알기
- 즐거운 생활: 친구와 함께 놀이하며 협력하기 • 서로 다른 취향과 생각 나누기
- 국어: 자기 생각 말하기 • 친구의 의견 경청하고 존중하기
- 도덕: 다름을 이해하고 존중하기 • 배려하는 태도로 평화로운 관계 맺기

탐구 질문

❖ 우리는 왜 다르게 생각하고 다르게 행동할까요?

❖ 다른 관점을 가진 친구와 함께 지내려면 어떤 마음이 필요할까요?

교과서 속

연결 이야기

친구와 내가 서로 다른 점을 발견하는 경험은 여러 교과에서 배우는 배움과 이어져 있어요.

바른 생활에서는 친구의 차이를 존중하고, 다양성을 인정하는 태도를 길러요. 친구가 나와 다르게 생각하거나 행동할 때, 그것을 이상하다고 보지 않고 자연스럽게 받아들이는 연습을 합니다.

슬기로운 생활에서는 다른 나라와 문화의 모습을 탐구하며, 서로 다른 생활 방식 속에서도 공통점을 찾고 존중하는 마음을 배워요. 내가 속한 공동체가 더 넓은 세상과 연결되어 있음을 알게 됩니다.

즐거운 생활에서는 친구와 함께 놀이하거나 활동하면서 서로 다른 취향과 생각을 나누는 경험을 합니다. 이런 경험은 어울리고 협력하는 힘을 길러 줍니다.

국어에서는 자기 생각을 말하고, 다른 사람의 생각을 경청하며 존중하는 연습을 해요. 대화와 토의 속에서 친구의 다름을 이해하고, 나의 관점을 새롭게 넓힐 수 있습니다.

도덕에서는 나와 다른 친구의 생활 방식이나 가치관을 이해하고, 다름을 배려하는 태도를 배워요. 친구의 취향과 습관을 존중할 때 더 평화로운 관계를 만들 수 있음을 알게 됩니다.

이렇게 친구와 나의 차이를 배우고 존중하는 활동은 여러 교과에서 이어지며, 다양성과 관점을 이해하는 힘이 우리가 함께 살아가는 공동체를 더욱 따뜻하게 만든다는 것을 깨닫게 해 줍니다.

우리는 서로 달라

"같은 그네인데 왜 네가 탈 땐 재밌어 보이는데, 내가 탈 땐 무섭지?"

수빈이는 친구 타오에게 물었어요.

타오는 웃으며 대답했어요.

"나는 바람을 느끼는 게 좋아. 하늘을 나는 것 같거든!"

"나는 너무 높이 올라가면 배가 간질간질해서 무서워."

두 친구는 서로 다른 감정을 이야기했어요. 똑같은 그네, 똑같은 놀이터인데도 느끼는 감정은 완전히 달랐어요.

"나는 집에 혼자 있는 걸 좋아해. 조용해서 생각할 수 있거든."

"나는 시끌벅적한 데가 좋아. 친구들이랑 떠드는 게 신나잖아!"

둘은 또 한 번 다름을 확인했어요.

"근데 신기해. 나는 네가 말해 줘서 이제 조금은 알 것 같아. 왜 너는 조용한 게 좋은지."

"나도! 네 말 들으니까 친구랑 함께 웃는 게 왜 좋은지 알겠어."

그날 놀이터에서 수빈이와 타오는 '다른 점'을 찾았지만, 그 다름을 통해 서로를 더 잘 이해하게 되었어요.

개념 이해

관점(Perspective)이란 무엇일까요?

관점은 '세상을 바라보는 나만의 창문'이에요.

내가 보고, 듣고, 느끼고, 자라 온 방식이 모두 합쳐져서 나만의 생각 방식을 만들어 줘요. 이것이 바로 관점이에요.

어떤 친구는 개를 무서워하고, 어떤 친구는 개를 아주 좋아해요.

왜 그럴까요? 한 친구는 어릴 때 개에게 물린 적이 있고, 또 다른 친구는 항상 강아지와 함께 자랐기 때문이에요.

같은 동물이라도 각자의 경험이 달라서 다른 관점을 가지게 된 거예요.

관점은 눈에 보이지 않지만, 말과 행동, 표정 속에 담겨 있어요.

우리가 서로 다른 이유는 바로 이 '관점의 차이' 때문이에요. 그리고 이 차이를 이해할 때, 우리는 서로의 다름을 존중하고 더 넓은 마음을 가질 수 있어요.

나는 어릴 적에
개에게 물린 적이 있어서
개가 너무 무서워.

나는 개들이 너무 귀여워!

세상에는
다양한 삶의 방식이 있어요

우리가 살아가는 세상에는 정말 많은 사람이 있어요. 모두가 똑같이 생기고 똑같이 말하고 똑같이 생각하지는 않아요. 나이, 성별, 피부색, 언어, 옷차림, 먹는 음식, 살아가는 방법이 저마다 달라요. 이렇게 사람마다 다르고, 살아가는 문화도 다른 것을 우리는 '다양성(Diversity)'이라고 해요.

다양성은 단순히 외모나 말투가 다르다는 의미가 아니에요. 어떤 사람은 조용한 걸 좋아하고, 어떤 사람은 활발한 것을 좋아해요. 어떤 가족은 할머니, 할아버지와 함께 살고, 어떤 가족은 한부모 가정일 수도 있어요. 학교에서 만나는 친구들도 이름과 취향, 가족의 모습, 그리고 자라 온 환경이 다르지요. 그런데 이 다름은 틀린 게 아니라, 서로를 더 잘 이해할 수 있는 기회가 돼요.

사회 시간에는 문화의 다양성을 배우는 시간이 있어요. 예를 들어, 어떤 나라는 손으로 밥을 먹는 문화가 있어요. 인도나 아프리카 일부 나라에서는 손으로 먹는 것이 정성과 환대의 표현이에요. 또 어떤 나라는 집 안에서도 신발을 신고 다녀요. 많은 서구권 지역에서는 신발을 신은 채 집 안을 다니는 것이 자연스러워요. 반면 한국에서는 신발을 벗고 들어가는 것이 예의이지요.

이처럼 서로 다른 생활 방식과 문화는 지역의 기후, 역사, 종교, 가족 구조 등 여러 이유로 생겨났어요. 처음엔 낯설고 어색할 수 있지만, 그 차이를 이해하고 받아들이는 마음이 바로 다문화 이해(Multicultural understanding)예요.

우리는 이러한 문화의 다양성을 배울 때 자신과 다른 관점을 가진 사람들을 이해할 수 있는 힘이 생겨요. '왜 저 친구는 점심에 김치를 안 먹을까?', '저 친구는 한국에 살면서 왜 한국어를 잘 하지 못할까?' 같은 질문을 스스로 해 보면서, 세상을 더 넓게 보고, 더 따뜻한 마음으로 친구를 바라볼 수 있게 되는 거예요.

다문화 사회(Multicultural society)란 여러 문화가 함께 살아가는 사회를 말해요. 한국에도 다양한 나라에서 온 사람들이 함께 살고 있어요. 학교에 다니는 이주배경 친구들, 결혼 이민 가족, 다문화 가정 등도 모두 우리 공동체의 소중한 이웃이에요. 그 친구들의 언어, 명절, 음식, 옷, 놀이를 알아보고 함께 나누면, 우리는 더 넓고 깊은 공동체가 될 수 있어요.

사회 시간에 배우는 문화의 차이는, 단순히 '다른 나라의 특징'을 외우는 것이 아니에요. 그것은 다른 삶의 방식, 다른 생각의 관점을 배우고, 다름 속의 소중함을 발견하는 시간이에요. 이해하고 존중하는 태도는 평화로운 공동체를 만드는 첫걸음이 되지요.

친구의 관점, 나의 관점

1. 다른 느낌, 같은 그림

하늘에 구름이 떠 있어요.

수빈이는 그 구름이 '솜사탕' 같다고 했어요.

타오는 그 구름이 '날아가는 용' 같대요.

여러분은 어떤 느낌이 드나요?

→ 그림을 그리고, '왜 그렇게 느꼈는지'를 적어 보세요.

2. 친구 인터뷰하기

친구에게 비 오는 날에 대한 의견을 물어보세요.

"너는 비 오는 날이 좋아? 싫어?"

그 대답을 듣고, 그 이유를 적어 봐요.

그리고 내 생각과 어떻게 같거나 다른지 비교해요.

_____

_____

_____

3. 다른 관점을 연극으로 표현하기

같은 상황을 두 친구가 다르게 느끼는 장면을 짧은 연극으로 만들어 보세요.

(예 소풍 날 우산을 가져온 친구 vs 안 가져온 친구)

대사에 친구의 관점이 담기도록 해 보세요.

- 친구가 나와 다르게 생각하는 것을 들었을 때, 어떤 기분이 들었나요?

- 나와 관점이 다른 친구와 대화했을 때, 새로운 걸 알게 된 적이 있나요?

- 우리는 왜 서로 다를까요? 서로 다른 점을 인정하면 무엇이 좋아질까요?

다름을 이해하는 마음, 다양성을 존중하는 태도

1. 다양한 문화 엿보기

선생님이 보여 주는 그림(또는 영상, 사진)을 보고, 아래 내용을 채워 보세요.

(예 손으로 밥을 먹는 가족, 집 안에서 신발을 신은 채 생활하는 사람들, 히잡을 쓴 친구, 다른 나라 전통 옷을 입은 친구 등)

✔ 내가 본 다른 문화의 모습은?

_____

_____

✔ 이 모습을 처음 봤을 때 어떤 느낌이 들었나요?

(예 신기했어요 / 낯설었어요 / 왜 그럴까 궁금했어요 등)

_____

✔ 그 친구가 나를 봤을 땐 어떤 생각이 들었을까요?

_____

2. 나와 다른 친구 인터뷰하기

우리 반 친구 중 한 명을 골라 짧게 이야기해 보세요.

아래 질문을 통해 다른 관점을 발견해 보세요.

- "너는 방학 때 뭐 하는 걸 제일 좋아해?"

- "네가 제일 좋아하는 음식은 뭐야?"

- "가족끼리 지내는 방식이 우리 집이랑 좀 다른 게 있을까?"

✔ 친구의 대답을 들어보니 어떤 점이 나와 달랐나요?

_____

_____

✔ 그 차이를 이해했을 때 어떤 마음이 들었나요?

_____

_____

3. 생각 나누기 - "나는 이렇게 다름을 대할 거예요"

다름을 보는 태도에는 여러 가지가 있어요. 아래 문장을 읽고, 스스로 어떤 태도를 가지고 있는지 표시해 보세요.

(○표시하거나 O/X로 써도 좋아요)

문장	나의 태도
친구가 나와 피부색이 다를 때, 먼저 자연스럽게 인사할 수 있어요	
친구의 도시락 음식이 나랑 다를 때, 이상하다고 말하지 않아요	
외국에서 온 친구의 명절과 음식을 나누고, 그 나라 민속놀이도 함께 즐겨요.	
친구가 한국어를 잘 못 할 때, 천천히 말해 주려고 해요	
내가 아는 정보나 문화가 항상 '정답'이라고 생각하지 않아요	

4. 다름은 소중해요 – 글쓰기

아래 문장을 완성하며, 내가 생각하는 다양성의 의미를 써 보세요.

"나랑 다른 사람을 만났을 때, 나는 _____

_____ ."

74

"세상에 다양한 사람이 있다는 사실은 _____

_____."

"내가 할 수 있는 존중의 태도는 _____

_____."

❖ 응용 활동

다양성과 다름을 존중하는 마음을 담은 한마디 문장을 적은 나만의 '존중 스티커'를 만들어 보세요. 스티커는 교실 뒤 게시판에 붙여 서로에게 따뜻한 메시지를 나눌 수 있어요.

> 예

> - "다름은 힘이에요!"
> - "우리 반엔 색깔이 다양해서 더 예뻐요."
> - "틀린 게 아니라, 특별한 거예요!"

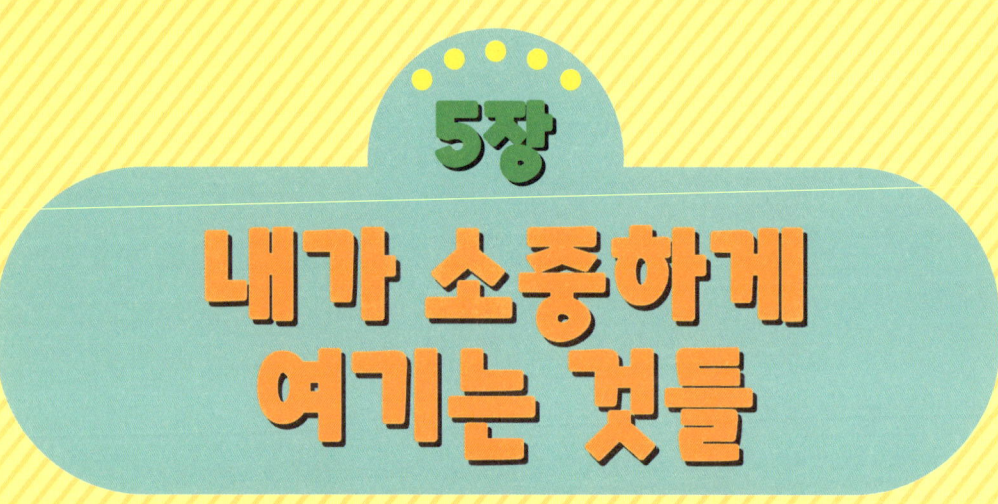

5장

내가 소중하게 여기는 것들

신념과 가치

중심 개념

신념
(Belief)

관련 개념

가치(Value)
의견(Opinion)

사고 개념

성찰
(Reflection)

연계 교과

- 바른 생활: 내가 소중히 여기는 것 존중하기 • 하루의 가치를 소중히 여기기
- 슬기로운 생활: 나를 탐색해 설명하기 • 생활 속 지속 가능한 습관과 연결하기
- 즐거운 생활: 특별한 경험을 떠올려 의미 표현하기 • 나를 나타내는 상징 만들기
- 국어: 생각과 감정을 말이나 글로 표현하기 • 소중한 이유를 구체적으로 쓰기
- 도덕: 소중한 것을 발견하고 지키기 • 믿는 가치를 행동으로 실천하기

탐구 질문

❖ 나는 무엇을 소중하게 생각할까요?

❖ 내 신념은 어디서부터 생겨났을까요?

❖ 다른 사람은 왜 나와 다른 생각을 가질까요?

 교과서 속

연결 이야기

　내가 소중하게 여기는 것을 돌아보는 활동은 여러 교과에서 배우는 내용과 연결돼 있어요.

　바른 생활에서는 내가 중요하게 생각하는 물건이나 습관을 통해 자신을 존중하는 태도를 기릅니다. 또 하루의 가치를 느끼며 지금 이 순간을 소중히 여기는 습관을 배워요.

　슬기로운 생활에서는 나를 탐색하여 설명하고, 내가 소중히 여기는 것이 무엇인지 정리합니다. 오래된 물건을 아끼거나 환경을 생각하는 생활 습관은 지속 가능한 삶의 한 부분으로 이어집니다.

즐거운 생활에서는 소중한 경험을 떠올리며 의미를 표현하고, 나를 나타내는 상징을 만들어 보며 자신을 드러낼 수 있습니다. 놀이와 활동을 통해 내 생각을 자유롭게 표현할 수도 있지요.

국어에서는 자기 생각이나 감정을 말이나 글로 표현하는 연습을 합니다. 1학년 때는 단순히 "나는 ○○이 좋아요"처럼 말하는 활동으로 시작하지만, 3학년이 되면 왜 그것이 소중한지 구체적으로 글로 쓰며 나의 신념을 드러낼 수 있습니다.

도덕에서는 소중한 것을 발견하고 지키려는 태도를 배우며, 내가 지켜야 할 가치를 행동으로 옮기는 연습을 합니다. 눈에 보이지 않더라도 마음속 깊이 믿는 가치를 실천하는 것이 올바른 삶이라는 것을 배우게 됩니다.

이렇게 여러 교과와 연결된 배움을 통해 우리는 내가 무엇을 소중히 여기는지, 그 신념이 어떻게 나를 이끌어 주는지를 깨닫고 나답게 살아가는 힘을 기를 수 있습니다.

하민이의 물병

하민이는 아침마다 물병을 꼭 챙깁니다. 그 물병은 낡았고, 색도 조금 바랬지만 언제나 하민이 가방에 들어 있어요.

"왜 그 낡고, 오래된 물병을 계속 써?" 친구가 물었어요.

하민이는 조용히 웃으며 대답했어요.

"이건 우리 할머니가 초등학교 입학 선물로 사 주신 거야. 매일 나를 응원한다는 의미로 주신 선물이야."

그 이야기를 들은 친구는 잠시 하민이의 물병을 다시 바라보았어요.

'낡고 오래된 물병이라고만 생각했는데, 하민이에겐 큰 의미가 있는 물건이었구나.'

그날 미술 시간, '나를 나타내는 물건 그리기' 활동이 있었어요. 하민이는 주저 없이 물병을 그렸고, 그림 옆에 짧게 적었습니다.

"이 물병은 내 마음을 지켜 주는 약속이에요."

이 물병은 내 마음을
지켜 주는 약속이에요.

신념은 나를 이끄는 마음의 나침반

우리 마음속에는 '보이지 않는 나침반'이 하나씩 들어 있어요. 이 나침반은 어디로 가야 할지, 어떤 선택이 옳은지 말없이 알려 주는 역할을 해요. 바로 그것이 신념(Belief)이에요.

신념은 내가 중요하다고 생각하고, 마음 깊이 믿는 가치나 생각이에요. 친구와의 약속을 소중히 여기거나, 생명을 아끼는 마음, 정직하게 행동하려는 다짐 같은 것들이 모두 신념이 될 수 있어요.

이런 신념은 어느 날 갑자기 생기는 것이 아니라, 부모님이 해 주신 이야기, 친구와의 일, 책에서 읽은 문장, 그리고 내가 직접 겪은 경험을 통해 서서히 마음속에 자리잡아요. 때로는 눈에 보이지 않지만, 우리는 그걸 믿고 따르며 행동하게 되지요.

하민이의 물병도 그랬어요. 낡고 평범해 보이지만, 하민이에게는 할머니의 사랑이 담긴 특별한 물건이었어요. 매일 아침 물병을 보면 힘이 나고, "오늘도 잘할 수 있어!"라는 마음이 생겼어요.

신념은 우리의 관점, 즉 세상을 바라보는 방식에도 큰 영향을 줘요. 같은 상황을 놓고도 어떤 친구는 '이것은 나눠야 해'라고 생각하고, 다른 친구는 '소중하니 간직해야 해'라고 생각할 수 있어요. 이처럼 신념은 겉으론 보이지 않지만, 마음속에서 우리가 무엇을 중요하게 여기는지를 알려 주는 깊은 믿음이에요.

우리는 살아가면서 많은 선택을 하게 되는데, 그때마다 이 마음속 나침반이 우리를 이끌어 줘요. 그리고 그것은 단순한 생각이 아니라, 보이지 않는 것을 믿고 따르려는 마음에서 나오는 힘이기도 해요. 그러니 신념을 지키는 것은, 내가 어떤 사람인지, 어떻게 살아가고 싶은지를 보여 주는 길이기도 하지요.

나의 신념 탐험하기

1. 내가 소중하게 여기는 것 생각하기

- 물건일 수도 있고, 사람, 장소, 생각일 수도 있어요.

- 왜 그것이 소중한지 한 문장으로 써 보세요.

  예 내가 소중하게 여기는 것은 _____이에요.

  왜냐하면 _____

2. 나의 신념을 상징으로 표현해 보기

- 종이에 내가 중요하게 생각하는 것을 상징하는 그림으로 그려 봐요.

- 그 상징이 어떤 의미를 담고 있는지 설명해 보세요.

의미: _____

_____

3. 친구와 비교해 보기

- 친구가 소중하게 여기는 것과 내 것이 어떻게 다른가요?

- 서로의 이유를 듣고, 무엇을 느꼈는지 이야기해 보세요.

- 다르지만 존중할 수 있는 마음을 글로 정리해요.

나는 무엇을 믿고 따르며 살아가고 있을까요?

내가 소중하게 여기는 것들 – 신념과 관점

1. 내가 믿는 것, 정말 중요할까요?

세상엔 눈에 보이지 않지만, 사람들이 아주 중요하게 여기는 것들이 있어요.

예를 들어, "약속은 꼭 지켜야 해.", "거짓말은 나빠.", "나는 가족이 제일 소중해." 같은 생각들이죠.

Q1-1. 나는 어떤 말을 들으면 '그래, 나도 그렇게 믿어.' 하고 생각하나요?

_____

_____

Q1-2. 그 믿음은 어디서 왔을까요?

(내 경험, 가족, 책, 친구와의 일, 내 마음속 생각 등)

_____

2. 내 행동은 나의 신념을 보여 줄까요?

신념은 눈에 보이지 않지만, 말과 행동을 통해 나타나요.

하민이는 오래된 물병을 통해 자기 마음을 지켰어요.

Q2-1. 나는 나의 신념을 어떤 행동으로 나타낸 적이 있나요?

(예 친구와의 약속을 지킨 일, 어려운 상황에서 용기 낸 일 등)

_____

_____

Q2-2. 누군가 내 신념을 이해해 주지 않았던 적이 있나요?

그때 나는 어떤 기분이었나요?

_____

_____

_____

_____

3. 나와 다른 신념은 틀린 걸까요?

세상에는 나와 다른 신념을 가진 사람들도 많아요. 다른 생각을 하는 친구를 만났을 때, 우리는 어떻게 해야 할까요?

Q3-1. 친구가 나와 다른 걸 믿고 있을 때, 나는 어떻게 반응하나요?

(예) 그냥 넘긴다 / 신기해한다 / 왜 그런지 물어본다 / 토론한다)

_____

Q3-2. 나와 다른 신념을 가진 사람과 친구가 될 수 있을까요? 왜 그렇게 생각하나요?

_____

_____

_____

_____

아래의 빈 곳에 '내가 믿고 싶은 가장 중요한 가치나 생각'을 떠올리며 그것을 상징하는 그림이나 단어를 자유롭게 그려 보세요. 그리고 왜 그것이 내 마음의 나침반이 되는지 이유도 짧게 써 보세요.

내 마음의 나침반이 된 이유는:

_____

_____

위인 이야기

에이브러햄 링컨

"나는 틀린 일을 하고 싶지 않아요."

에이브러햄 링컨이 어릴 때의 일이에요.

링컨은 가난한 집에서 태어났지만, 책을 정말 좋아했어요. 농장에서 일을 도와야 해서 학교에는 자주 갈 수 없었지만, 틈만 나면 책을 읽었어요.

어느 날, 그는 책에서 이런 말을 읽었어요.

"사람은 누구나 똑같이 존중받아야 한다."

그 문장이 링컨의 마음속 깊이 들어왔어요.

그는 생각했어요.

'왜 어떤 사람은 자유롭고, 어떤 사람은 그렇지 못할까? 모두 같은 사람인데.'

어른이 된 링컨은 노예제도가 틀렸다고 믿었어요.

하지만 많은 사람이 그에게 말했어요.

"그렇게 생각하는 것은 위험해."

"노예제도는 아주 오래된 제도야. 네가 바꿀 수는 없어."

그래도 링컨은 흔들리지 않았어요.

그는 "옳다고 믿는 일은 꼭 해야 해요."라고 말했어요.

그 신념을 지키기 위해 그는 대통령이 되어서, 아주 힘든 결정을 내렸어요.

그것이 바로 노예를 해방시키는 일이었어요.

그 결정 때문에 많은 갈등이 생겼고, 전쟁까지 벌어졌지만 링컨은 끝까지 모든 사람이 자유롭게 살아야 한다는 믿음을 포기하지 않았어요.

결국 미국 남북전쟁은 1865년에 끝났고, 링컨은 1863년에 노예해방선언을 발표하였죠. 그리고 그는 말했어요.

"모든 사람은 태어날 때부터 평등하다(All men are created equal)."

모든 사람은 평등합니다!

역할극 대본

링컨의 이야기로 친구들과 역할을 정해
역할극을 해 보아요.

❖ 제목: "끝까지 지키고 싶은 마음" - 링컨의 신념 이야기

- 등장인물 -

• 링컨: 어릴 때부터 책을 좋아하는 소년, 나중에 대통령이 됨

• 엄마: 링컨의 생각을 지지하고 응원함

• 마을 사람 1: 변화를 두려워하는 인물

• 마을 사람 2: 처음엔 반대하지만 점차 이해함

[장면 1 - 어린 링컨의 집]

(불빛 아래 링컨이 책을 읽고 있다)

링컨: (혼잣말) "사람은 누구나 평등하다…?"

   왜 어떤 사람은 노예가 되고, 어떤 사람은 자유롭게 살지? 이상

   해. 틀렸어. 이건 잘못됐어.

엄마: 링컨, 또 책 읽고 있구나? 뭘 그렇게 진지하게 생각해?

링컨: 엄마, 이 책에선 사람들이 다 평등하다고 해요. 그런데 진짜 세

   상은 그렇지 않아요. 어떤 사람들은 아예 자유가 없잖아요.

엄마: 맞아, 아들. 세상은 가끔 옳지 않은 일들로 가득하단다. 하지만 그

   걸 바꾸고 싶다는 마음, 그게 바로 네가 지켜야 할 신념이란다.

[장면 2 - 어른이 된 링컨, 마을 광장]

링컨: (단상 위에서 사람들을 향해) 저는 모든 사람이 자유롭게 살아

   야 한다고 믿습니다. 피부색이 다르다고 해서 누군가를 노예로

   만드는 것은 틀린 일입니다!

마을 사람 1: (크게 외침) 링컨, 그건 위험한 생각이야! 우리는 늘 이렇

   게 살아왔어! 그걸 바꾸자고?

마을 사람 2: (조용히) 링컨, 네 말이 틀리다고 생각하진 않아. 하지만

그건 너무 힘든 길이야. 사람들은 변화를 두려워해.

링컨: 쉽지 않은 길인 것은 알아요. 하지만 저는 옳은 길을 걷고 싶습니다. 조금씩이라도 세상을 바꾸고 싶어요. 아무도 노예가 아닌 나라, 그런 세상 말이에요.

[장면 3 - 전쟁 이후, 해방 선언 후]

마을 사람 2: (감동하며) 링컨… 결국 당신이 해냈군요. 노예들이 해방되었어요.

링컨: (조용히 미소 지으며) 저 혼자 힘이 아니라, 모두가 마음속 신념을 포기하지 않았기 때문에 해낼 수 있었어요. 자유는 누구에게나 어울리는 옷이죠.

마을 사람 1: (고개를 숙이며) 처음엔 당신을 반대했지만… 이제 알겠어요. 용기 있는 믿음이 세상을 바꾼다는 걸.

[장면 4 - 링컨의 마지막 독백]

링컨: (무대 가운데에 서서) 나는 완벽한 사람이 아니에요. 하지만 옳다고 믿는 것을 끝까지 지키는 것, 그것이 내가 걸어온 길의 이유였습니다.

6장

건강이란 무엇일까요?
-마음과 몸의 균형

몸과 마음의 균형

중심 개념

웰빙
(Well-being)

관련 개념

균형(Balance)
자기 관리(Self-control)

사고 개념

연결
(Connection)

연계 교과

- 국어: 생각과 감정을 글이나 말로 표현하기•일기나 편지로 마음 건강 돌보기
- 체육: 달리기·줄넘기 등 활동으로 몸 튼튼히 하기•운동을 통해 기분 전환과 스트레스 해소하기
- 과학: 우리 몸의 구조와 기능 이해하기•감정과 몸의 반응이 연결됨을 배우기
- 실과: 규칙적인 식사·수면·생활 습관 지키기•좋은 습관이 마음 안정에도 도움 됨을 알기

탐구 질문

❖ 건강하다는 것은 어떤 상태일까요?

❖ 몸의 건강과 마음의 건강은 어떻게 연결될까요?

❖ 나는 내 웰빙을 어떻게 지키고 있나요?

교과서 속

연결 이야기

건강을 배운다는 것은 단순히 아프지 않은 몸을 만드는 것이 아니라, 마음과 몸이 어떻게 연결되어 있는지를 이해하는 거예요.

국어 시간에는 자기 생각과 감정을 글이나 말로 표현하는 연습을 해요. 일기나 편지 쓰기를 통해 속마음을 솔직히 드러내는 것은 마음의 건강을 돌보는 중요한 방법이랍니다.

체육 시간에는 달리기, 줄넘기, 놀이와 같은 활동으로 몸을 튼튼하게 길러요. 그런데 운동은 몸만 강하게 하는 게 아니라 기분을 밝게 하고 스트레스를 풀어 주어 마음 건강에도 큰 도움이 돼요.

과학 시간에는 우리 몸의 구조와 기능을 배우며, 감정을 느끼는 뇌와 몸의 반응이 어떻게 연결되는지 살펴봐요. 예를 들어, 불안하면 배가 아프거나 두통이 생기고, 즐거울 때는 몸이 가벼워지는 현상도 과학적으로 설명할 수 있어요.

실과 시간에는 식사, 수면, 생활 습관이 몸과 마음의 건강 모두에 영향을 준다는 것을 배워요. 규칙적인 식사와 충분한 수면, 스마트폰 사용 조절은 몸의 균형을 지킬 뿐 아니라 마음을 안정시켜 주는 습관이지요.

이렇게 여러 교과와 연결해 배워 나가면, 우리는 몸과 마음이 서로 이어져 있다는 것을 깨닫고, 균형 잡힌 생활이 곧 진짜 건강이라는 사실을 알게 됩니다.

지민이의 속이 꽉 막힌 하루

요즘 지민이는 이상했어요.

아침마다 배가 아프고, 학교도 가기 싫었어요. 밤에는 잘 못 자고, 쉬는 시간에도 멍하니 앉아만 있었죠.

그런 지민이가 걱정된 엄마는 조심스럽게 물었어요.

"지민아, 어디 아프니?"

지민이는 고개를 저었어요.

"아니, 그냥··· 아무것도 하기 싫어요."

사실 지민이는 친구들과 자주 다투었고, 숙제가 밀려 마음이 답답했어요. 그런데 그 마음을 어떻게 말해야 할지 몰랐어요. 말로 하지 못한 감정이 자꾸 몸으로 나타나기 시작한 거예요. 배가 아프고, 잠도 안 오고, 기운도 없고…

보건실 선생님께서 조용히 말씀하셨어요.

"지민아, 건강은 몸만 잘 돌보는 게 아니야. 마음이 아프면, 몸도 함께 힘들어질 수 있어."

지민이는 그날 처음으로 일기장에 써 보았어요.

"나는 지금 혼자 외롭고 불안한 기분이야. 그래도 내 마음을 알아보려고 노력해 볼 거야."

개념 이해

웰빙은 몸과 마음의 균형 잡힌 연결
- 과학 수업과 함께 살펴보기

'웰빙(Well-being)'은 단순히 감기에 걸리지 않거나, 운동을 열심히 하고 있는 상태를 말하는 것이 아니에요. 몸이 튼튼한 것과 함께, 마음도 안정되고 편안한 상태, 그리고 자기 몸과 감정을 잘 알고 돌보는 생활 태도 전체를 말해요.

과학 시간에 우리는 우리 몸이 어떻게 움직이는지를 배워요. 근육은 어떻게 작동하는지, 심장은 어떻게 피를 보내는지, 뇌는 어떤 역할을 하는지, 감각기관은 어떻게 자극을 받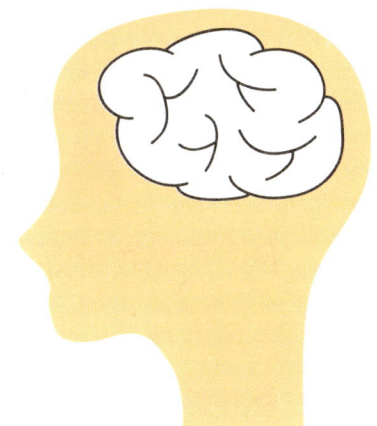
아들이는지 말이에요.

하지만 과학적으로 더 중요한 사실은,
이 모든 기관이 '서로 연결되어 있다'는
거예요. 특히 우리의 뇌(Brain)는 몸의 여
러 부분과 마음의 감정을 함께 조절해요.

감정은 뇌에서 시작돼요

우리 뇌 안에는 '편도체(아미그달라)'나 '시상하부' 같은 감정을 느
끼는 부위가 있어요. 이곳은 무서움, 불안, 기쁨, 슬픔 같은 감정을
빠르게 판단하고 몸에 명령을 보내요.

예를 들어, 누가 소리를 지르면 "위험해!" 하고 바로 심장이 빨리
뛰게 하죠. 또한, 스트레스를 많이 받을 때는 뇌에서 스트레스 호르
몬(코르티솔)이 나와요. 이 호르몬은 위장을 자극해서 속이 쓰리거나
입맛이 없어지게 만들고, 근육을 긴장시켜서 두통이나 어깨 통증을
일으키기도 해요.

그러니까 슬픈 감정이 '배 아픔'이나 '두통'으로 나타나는 현상은
과학적으로도 아주 자연스러운 일이에요.

마음이 건강하면 몸도 더 튼튼해져요

반대로, 좋은 감정을 많이 느낄 때는 뇌에서 행복 호르몬(세로토닌, 도파민 등)이 나와요. 이 호르몬은 소화를 돕고, 숙면을 도와주며, 면역력도 높여 줘요. 그래서 친구와 웃으며 이야기하거나, 좋아하는 운동을 할 때, 몸이 더 가볍고 기분이 좋아지는 것은 몸과 마음이 서로 영향을 주기 때문이에요.

몸과 마음은 이렇게 연결돼 있어요

상 황	몸의 반응	마음의 반응
무서운 영화를 봄	심장이 빨리 뛴다	불안하고 긴장된다
친구와 다툼	배가 아프고 식욕이 없다	속상하고 울고 싶다
좋아하는 활동을 함	얼굴에 미소가 생긴다	마음이 안정되고 행복하다
밤에 늦게 잔다	아침에 몸이 무겁다	짜증이 늘고 집중이 안 된다

건강한 생활 습관이 마음에도 좋아요

실과나 과학 시간에 배운 것처럼, 규칙적인 식사, 충분한 수면, 운동, 깨끗한 환경 유지는 몸에만 좋은 것이 아니에요. 이런 습관은 마음에 안정감을 주고 뇌의 기능도 도와줘요. 예를 들어, 잠을 충분히 자면 기억력과 감정 조절 능력이 좋아지고, 매일 같은 시간에 식사하면 속이 편안해지고 기분도 부드러워져요.

그래서 웰빙이란?

몸과 마음은 하나의 연결된 시스템이에요.

몸이 편하면 마음도 편하고, 마음이 안정되면 몸도 튼튼해지는 것이죠. 이 둘의 균형이 잘 맞을 때, 우리는 '진짜 건강한 상태', 바로 웰빙에 가까워지는 거예요.

과학은 우리가 이 연결을 더 잘 이해하고, 자신을 돌보는 힘을 키우는 데 큰 도움이 되는 공부예요.

이제 나를 돌아보며 자신에게 이렇게 질문해요.

"내 몸이 지금 어떤 신호를 보내고 있지?"

"내 마음은 어떤 도움이 필요하지?"

이 질문에 귀 기울이는 것, 그게 바로 나를 지키는 과학적인 습관, 그리고 진짜 웰빙의 시작이에요.

확장 활동

몸과 마음을 함께 돌보는 생활 습관

❖ **활동 목표**

나의 식사, 수면, 운동, 마음 상태를 돌아보고 건강한 웰빙 생활 습관을 계획하고 실천한다.

1. 나를 돌아보기

지난 일주일 동안 나의 생활 습관을 점검해 봐요.

기억을 떠올리며 각 항목에 체크해 보세요.

항목	항상 그랬어요	가끔 그랬어요	거의 못 했어요
아침 식사를 거르지 않았어요			
하루 8시간 이상 잠을 잤어요			
30분 이상 몸을 움직였어요 (운동, 걷기 등)			
기분이 좋지 않을 때 마음을 표현했어요 (글쓰기, 대화 등)			
스마트폰·게임 시간을 스스로 조절했어요			
스트레스를 느꼈을 때 나만의 방법으로 풀었어요			

✔ 가장 잘 지킨 습관은 무엇인가요?

_____

✔ 가장 고쳐 보고 싶은 습관은 무엇인가요?

_____

2. 나만의 웰빙 실천 계획 세우기

이번 주부터 '몸과 마음을 함께 돌보는 습관'을 실천해요.

실천하고 싶은 항목을 골라 하루에 한 번 이상 꼭 해요.

(한 가지 이상 선택 가능)

❖ 오늘 할 웰빙 습관

- ☐ 제시간에 밥 먹기
- ☐ 30분 걷기 또는 스트레칭
- ☐ 스마트폰 대신 책 읽기
- ☐ 잠자기 전 조용한 마음 일기 쓰기
- ☐ 친구나 가족에게 감사한 말 하기
- ☐ 기분 나쁜 일이 생겼을 때 글로 써 보기
- ☐ 물 충분히 마시기
- ☐ 자신에게 "오늘도 잘했어" 말해 주기

❖ 내가 선택한 습관과 그 이유는?

_____

_____

3. 3일 뒤 돌아보기

3일 동안 실천해 본 뒤, 아래 질문에 답해요.

✔ 가장 실천하기 쉬웠던 습관은?

_____

✔ 실천하면서 기분이 어땠나요?

_____

✔ 나에게 맞는 웰빙 습관 하나를 추천한다면?

_____

- 나는 '마음 건강'에 대해 얼마나 생각해 본 적이 있나요?

- 나의 생활 습관은 내 기분과 어떤 관계가 있나요?

- 친구가 마음이 힘들어 보일 때, 나는 어떤 말을 해 줄 수 있을까 요?

❖ 응용 활동

평소 지키고 싶은 생활 습관 3가지를 그림과 짧은 문장으로 정리해 나만의 '웰빙 루틴 카드'를 친구들과 서로 바꿔 보며 비교해 보는 활동도 좋아요.

7장
나는 어떻게 변해 왔을까요?

성장과 자신 되돌아보기

중심 개념

성장
(Growth)

관련 개념

발달(Development)
경험(Experience)
적응(Adjustment)

사고 개념

성찰(Reflection)
변화(Change)

연계 교과

- 체육: 달리기·줄넘기 기록 향상하기 • 협동과 도전으로 마음 성장하기
- 실과: 성장에 맞는 식습관·생활 습관 기르기 • 자기 관리 능력 키우며 건강한 변화 이어가기

탐구 질문

❖ 나는 어떤 점에서 예전과 달라졌을까요?

❖ 시간의 흐름에 따라 나의 감정과 생각은 어떻게 변화했을까요?

❖ 나의 변화는 가족이나 친구들과의 관계에 어떤 영향을 주었을까요?

교과서 속  연결 이야기

변화는 몸으로도, 생활 습관으로도 드러나요. 그래서 체육과 실과 수업은 나의 성장과 변화를 가장 가까이에서 느끼고 확인할 수 있는 시간이 됩니다.

체육 시간에는 달리기, 줄넘기, 멀리뛰기 같은 활동을 하면서 예전보다 더 오래 달리고, 더 높이 뛰고, 더 잘 협력할 수 있게 되는 자신을 발견합니다. 단순히 성적이 향상되는 것뿐 아니라, 친구와 협동하는 마음과 도전하는 용기가 함께 자라나는 것도 배웁니다. 이는 몸과 마음이 함께 성장하는 변화를 가리킵니다.

실과 시간에는 성장기 몸의 발달과 생활 습관의 중요성을 배우게 돼요. 올바른 식습관, 규칙적인 수면, 생활 관리가 내 몸을 건강하게 자라게 하고 마음을 안정시켜 줍니다. 또, 나이가 들면서 스스로 할 수 있는 일이 늘어나고 자기 관리 능력이 자라는 것도 중요한 변화로 다루게 됩니다.

이렇게 체육과 실과에서 배우는 내용을 통해, 우리는 몸이 자라는 것과 생활 습관이 달라지는 것이 서로 연결되어 있다는 사실을 깨닫고, 변화를 긍정적으로 받아들이며 건강한 성장으로 이어가는 힘을 기르게 됩니다.

유진이의 옛날 그림일기

"와, 이게 몇 살 때야?"

유진이는 서랍에서 꺼낸 그림일기를 엄마와 함께 읽고 있었어요.

"6살 때네. 여기 봐, 유치원에서 도토리 주운 이야기 있잖아."

유진이는 웃으면서 그 그림을 바라봤어요.

동그라미처럼 그려진 얼굴, 엄청나게 큰 해, 초록색 잔디, 그리고 "나는 도토리를 찾았다!"라는 엉성한 글씨.

"그땐 글씨도 삐뚤빼뚤하고, 색칠도 선 밖으로 자꾸 튀어나왔는데 지금은 글도 잘 쓰고 그림도 진짜 좋아졌어."

유진이는 자신이 어떻게 달라졌는지 하나씩 떠올렸어요.

키도 많이 컸고, 읽을 수 있는 책도 늘었고, 예전엔 부끄러워서 발표를 못 했는데 지금은 사람들 앞에서 말하는 것이 재미있어졌어요.

그리고 생각했어요.

'나는 지금도 조금씩 변하고 있구나.'

변화란 무엇일까요?

- 체육과 보건 수업에서 알아보는
  나의 성장 이야기

'변화(Change)'는 시간이 지나면서 조금씩, 또는 크게 달라지는 것을 말해요.

우리가 매일 보고 느끼는 몸, 감정, 생각, 친구와의 관계, 심지어 내가 먹는 음식 습관까지도 전부 변하고 있어요. 이 변화는 눈에 보이는 것도 있고, 마음으로만 느껴지는 변화도 있어요.

체육 시간에 느끼는 나의 변화

처음 체육 시간에 달리기를 했을 때를 기억하나요?

숨이 차고, 다리가 아파서 중간에 포기하고 싶었던 적도 있었을 거예요. 그런데 시간이 지나고 운동을 계속하다 보면, 처음보다 더 오래 달릴 수 있고, 더 빠르게 달릴 수 있게 돼요.

처음엔 힘들어도, 운동은 꾸준히 하면 몸 안 깊은 곳까지 변화를 일으켜요. 몸을 움직이다 보면 근육뿐 아니라 심장과 폐도 그 활동에 적응하며 더 튼튼해져요. 줄넘기를 한 번도 못 넘던 친구가 나중에는 100개를 넘게 되는 모습은 연습의 힘뿐 아니라 몸이 성장하고 있다는 멋진 신호이지요!

또, 체육 시간에 팀워크를 배우기도 해요. 처음에는 친구들과 의견 충돌이 있거나 자기 생각만 주장하던 내가, 지금은 서로 협동하고 응원하는 친구가 되었다면, 몸이 아니라 마음의 변화가 일어난 것이지요.

체육은 몸의 변화뿐만 아니라 나의 마음와 성격도 자라게 해 줘요.

보건 수업에서 보는 나의 변화

보건 수업에서는 우리가 어떻게 자라고, 몸이 어떻게 바뀌는지를 배워요.

- 팔과 다리가 길어지고
- 갑자기 키가 쑥쑥 자라기도 하죠.

이런 신체 변화는 사춘기의 시작이기도 하고, 몸이 어른이 되어 가는 과정에서 정상적인 성장의 한 부분이에요.

하지만 몸의 변화만 있는 것은 아니에요. 예전에는 소리 지르며 화 냈던 내가, 지금은 숨을 고르고 말로 표현할 수 있다면, 마음을 다스리는 능력, 즉 감정 조절 능력이 자란 거예요. 보건 시간엔 이런 마음 건강도 함께 배우죠. 또,

- 올바른 식습관
- 손 씻기
- 수면 습관
- 스트레스 해소법 등은

내가 스스로 건강한 선택을 하는 힘을 길러 주는 방법이에요.

이런 실천이 쌓이면, 나는 더 건강하고 안정된 나로 변화해 가요.

몸과 마음의 변화, 어떤 모양일까?

몸의 변화는 측정이 가능하고 눈으로 확인할 수 있어요. 예를 들어 키가 크거나, 힘이 세졌거나, 달리기가 빨라진 걸 확인할 수 있죠.

그에 비해 마음의 변화는 측정은 불가능하지만 조금씩 변하는 것을 느낄 수 있어요. 예를 들어 책임감이 강해지거나, 참을성이 생기거나, 남을 먼저 생각하는 마음이 생기게 되는 거죠.

이 두 가지는 따로 있는 것이 아니라, 서로 연결되어 있어요.

- 운동을 하면 기분이 좋아지고
- 건강한 식습관을 유지하면 집중력도 좋아지고
- 자신감을 얻으면 도전 의식도 강해져요.

그래서 변화는…?

변화는 멀리 있는 것이 아니라, 내 일상 속에 있어요.

어제보다 조금 더 오래 뛰었다면, 친구의 이야기를 끝까지 들어주게 되었다면, 내 몸과 마음이 조금씩 자라나고 있다는 증거예요.

변화를 잘 받아들이고, 건강하게 반응하는 것 ― 바로 그것이 내가 나를 더 잘 아는 방법이고, 진짜 '건강한 성장'의 시작이에요.

함께 달리고, 함께 자라기

준비물

활동지, 도전 배지 스티커, 짝 응원 카드, 도전 기록 카드 판

1. 체육 활동지: 나의 변화 돌아보기

활동	오늘의 기록
1분 줄넘기	
50m 달리기	
제자리멀리뛰기	

- 오늘 가장 잘한 점

- 친구에게 칭찬해 주고 싶은 점

- 내가 정한 도전 목표 (예) 줄넘기 10개 더 하기)

2. 도전 배지 스티커(선생님 출력용)

학생이 도전 목표를 달성하거나 태도 변화가 눈에 띌 때 나눠 주세요.

스티커 문구

나는 멈추지 않았어요!

나 오늘 더 멀리 갔어요!

친구를 응원했어요!

처음보다 훨씬 나아졌어요!

도전을 끝까지 해냈어요!

나 자신에게 웃어 줬어요!

3. 짝 응원 카드(짝 활동용)

서로를 응원하는 짧은 메시지를 카드에 써서 교환해 보세요!

✔ 짝 응원 카드 양식 (가로 반절 크기)

앞면:

○○야, 오늘 너의 ○○하는 모습이 멋졌어!

넌 할 수 있어! 다음엔 ○○에도 도전해 보자!

- 너를 응원하는 친구, ○○

뒷면:

(자유 낙서 칸 또는 스티커 붙이기 칸)

4. 도전 기록 카드 판(한 달용)

교실 게시판에 붙여 두고, 학생 개인 또는 모둠별로 도전 결과를 확인해요.

이름 없이 번호나 첫 글자로 관리해도 좋아요.

이름/번호	도전 내용	실천 날짜 체크 (✓)	도전 성공! 배지 스티커
예 3번	줄넘기 80개	월✓/ 수✓/ 금✓	나 오늘 더 멀리 갔어요!

❖ 응용 활동

- 매주 한 번 도전할 일을 정해서 꼭 실천하고 그 과정을 기록하고, 서로 응원하는 활동도 해 보세요.
- 배지는 카드에 붙이거나 칸막이 칠판에 전시해도 좋아요.

운동을 하면 머리가 좋아진다고?

"야, 축구 그만하고 공부 좀 해!"

이런 말, 한 번쯤 들어 본 적 있지 않나요?

그런데 과학자들은 오히려 이렇게 말해요.

"운동을 하면 머리가 더 좋아질 수 있어요!"

진짜일까요?

실제로 뇌과학 연구에 따르면, 운동을 하면 뇌 속에서 특별한 변화가 일어난대요.

핵심은 BDNF라는 물질이에요. 이는 뇌세포를 강화하고 기억과 학습을 돕는, 비타민처럼 작용하는 단백질이랍니다.

운동을 하면

- 뇌에 피가 더 많이 가서 산소와 영양이 더 잘 공급되고,

- 집중력과 기억력에 도움을 주는 BDNF가 많이 나와요.

- 그래서 공부할 때도 집중이 더 잘 되고, 오래 기억할 수 있게 되는 거죠.

그래서 학교에서도 쉬는 시간에 가볍게 뛰거나 스트레칭을 한 후에 수업에 집중이 더 잘 되는 이유가 바로 여기에 있어요.

이런 경험 있지 않나요?

- 체육하고 나면 몸은 피곤한데 머리는 맑아지는 느낌!

- 가만히 앉아 있을 땐 졸리다가, 조금 움직이고 나면 집중이 잘 되는 느낌!

이 변화는 기분 탓이 아니라, 진짜로 뇌 속에서 변화가 일어나고 있다는 증거예요. 그래서 하루에 20~30분 정도 꾸준히 운동하면 몸뿐 아니라 생각하는 힘과 문제 푸는 능력도 자란답니다!

8장

나의 하루, 나의 습관

책임감과 생활의 패턴

중심 개념

습관
(Habit)

관련 개념

시간(Time)
리듬(Rhythm)
선택(Choice)

사고 개념

성찰(Reflection)
책임(Responsibility)

연계 교과

- 국어: 하루의 일과를 차례대로 말하고 글로 쓰기 • 경험을 정리하며 책임 있게 표현하기
- 실과: 생활 습관을 계획하고 실천하기 • 작은 선택이 쌓여 책임 있는 생활로 이어짐 알기
- 수학: 시계 보기와 시간 계산하기 • 일과표로 하루를 체계적으로 계획하기
- 음악: 규칙적인 리듬과 패턴 배우기 • 생활의 리듬과 균형 이해하기

탐구 질문

❖ 나의 하루는 어떤 습관과 선택들로 이루어져 있을까요?

❖ 나의 생활 리듬과 시간 사용은 어떤 결과를 만들어내고 있을까요?

❖ 책임감 있는 습관을 만들기 위해 나는 어떤 작은 실천을 할 수 있을까요?

교과서 속

연결 이야기

하루의 습관은 단순히 반복되는 행동이 아니라, 나를 책임지는 삶의 리듬이에요.

국어에서는 하루의 일과를 차례대로 말하고 글로 쓰는 활동을 해요. 아침에 일어난 일부터 저녁에 잠들기 전까지의 경험을 정리하면서, 자신의 하루를 표현하고 책임 있게 기록하는 힘을 기릅니다.

실과에서는 생활 습관을 스스로 계획하고 관리하는 법을 배워요. 시간표를 만들고 지키는 경험을 통해, 작은 선택이 쌓여 책임 있는 생활로 이어진다는 것을 알게 됩니다.

수학에서는 시계 보기, 시간 단위 알기, 경과 시간 계산하기를 배워요. 일과표를 읽고 시간을 나누고 비교하면서 하루를 체계적으로 계획하는 능력을 기릅니다.

음악에서는 규칙적인 리듬과 반복되는 패턴을 배워요. 생활의 리듬도 음악처럼 규칙적일 때 안정되고, 불규칙할 때 혼란스러울 수 있다는 것을 깨닫게 되죠.

이렇게 네 과목은 함께 연결되어, 하루의 습관이 나의 책임감과 생활의 균형을 만들어 가는 중요한 과정임을 알려 줍니다.

서하의 버벅대는 하루

서하는 아침마다 정신이 없어요.

알람을 세 번이나 끄고 나서야 겨우 일어나고, 옷은 허둥지둥 입고, 아침밥은 건너뛰고, 가방을 챙기다 보면 꼭 뭔가 빠뜨려요.

하루가 그렇게 시작되면, 학교에 와서도 마음이 불편하고, 집중도 잘 안 되죠.

어느 날 선생님께서 말씀하셨어요.

"여러분, 여러분의 하루는 여러분이 만든 작은 선택들로 이루어져 있어요. 하루의 습관은 곧 나의 책임감과도 연결되어 있어요."

서하는 생각했어요.

'맞아… 내가 늦게 자서 늦게 일어난 거고, 아침 준비도 내가 제대로 못 한 거였어. 그걸 남 탓만 할 순 없겠지.'

그래서 서하는 스스로 계획표를 만들기로 했어요.

"내가 만든 하루, 내가 책임지는 하루."

그게 서하의 새로운 습관의 시작이었어요.

습관은 내가 만든
하루의 리듬이에요

'습관(Habit)'이란

내가 자주 반복하는 행동이나 생각이에요. 좋은 습관은 하루를 안정되고 뿌듯하게 만들고, 나쁜 습관은 나도 모르게 나를 힘들게 만들 수 있어요.

습관은 그냥 생기지 않아요. 작은 선택이 반복되면서 점점 굳어지는 거예요.

그리고 그 선택의 책임은 누구에게 있을까요?

바로 '나 자신'에게 있어요.

- 아침을 거르면, 점심때 집중이 안 돼요.
- 스마트폰을 너무 오래 보면, 숙제할 시간이 줄어들어요.
- 계획표를 세우면, 더 많은 일을 차분히 해낼 수 있어요.

하루의 패턴과 습관은 나의 기분, 건강, 공부, 친구 관계까지 모두 연결되어 있어요. 그래서 하루를 책임지는 것은 곧 삶을 책임지는 연습이기도 해요.

개념 확장

음악의 리듬처럼,
우리 삶에도 리듬이 있어요

음악 시간에는 규칙적인 리듬과 반복되는 소리의 패턴을 배워요.

박자에 맞춰 손뼉을 치고, 같은 리듬을 반복하며 연주하는 연습을

하죠.

따라서 음악 연습은 단순히 음악 실력을 키우는 것뿐 아니라, 생활

을 조화롭게 만드는 감각을 기르는 과정이기도 해요.

리듬이란 무엇일까요?

리듬은 음악 속에서 소리와 쉼이 일정하게 반복되며 흐르는 패턴이에요.

우리가 좋아하는 노래에도, 멜로디뿐 아니라 걸어가듯, 달리듯 느껴지는 리듬이 있어요. 그 리듬 덕분에 음악은 정돈되고, 사람들은 함께 맞춰 연주하거나 춤을 출 수 있어요.

우리의 하루도 마치 음악처럼 반복되는 리듬으로 이루어져 있답니다.

생활의 리듬이란?

- 아침에 일어나는 시간
- 점심을 먹는 시간
- 쉬는 시간과 집중하는 시간
- 저녁에 잠드는 시간

이런 반복되는 하루의 흐름은 마치 음악 속 박자처럼 생활의 리듬이에요.

리듬이 일정하면 음악이 편안하게 들리듯, 생활 리듬이 규칙적이면 몸과 마음도 안정되고 건강해져요.

반대로 리듬이 불규칙하면, 음악이 혼란스러운 것처럼 우리도 피곤하고 짜증 나고 집중이 잘 안 되는 느낌이 들어요.

음악 수업과 생활 습관의 연결

음악 수업에서 우리는

- 느린 리듬, 빠른 리듬
- 반복되는 구조
- 쉼의 타이밍을 배워요.

이는 우리 삶의 리듬을 인식하고 조절하는 감각과 연결돼요.

예를 들어,

- 너무 바쁘게만 지내면 음악의 '쉼표'가 없듯 지치게 되고,
- 쉬기만 하면 음악의 에너지가 사라지듯 하루가 느슨해지죠.
- 빠르게 움직이고 쉬는 리듬이 균형을 이루면 우리 하루도 음악처럼 자연스럽고 즐거워질 수 있어요.

그래서 리듬은 '건강한 생활 습관'이에요

리듬은 정해진 시간에 나를 준비시키는 신호가 되기도 해요.

예를 들어,

- 7시 알람 소리가 나면 몸이 자동으로 깨어나고
- 12시 종이 울리면 배가 고파지고
- 잠자기 전 조용한 음악을 들으면 마음이 차분해지는 것처럼요.

이런 생활 속 리듬은 내가 만든 규칙이자, 나를 지켜 주는 습관의 음악이에요.

정리하면…

음악의 리듬은 생활의 리듬과 닮아 있어요.

규칙적이고 반복되는 흐름을 통해 우리는 하루를 안정적으로 보내고, 몸과 마음의 조화를 이룰 수 있어요.

리듬을 배우는 것은 하루를 건강하고 조화롭게 이끄는 능력을 키우는 것과 같아요.

확장 활동

음악으로 표현하기

❖ **활동 주제**

나의 하루를 음악으로 표현해요.

❖ **활동 목표**

- 내 하루의 흐름과 감정을 리듬으로 표현한다.
- 반복되는 활동과 쉼, 감정의 변화 등을 음악적 패턴으로 구성한다.
- 내 생활을 돌아보고 조화로운 리듬을 설계해 본다.

1. 나의 하루 리듬 정리하기(복습)

- 하루 일과를 6~8개 주요 시간대로 나눠요.

- 각 시간대에 한 활동씩 적고, 그 활동의 느낌을 골라요.

✔ 차분해요   ✔ 활기차요   ✔ 익숙해요

✔ 편안해요   ✔ 긴장돼요   ✔ 즐거워요

예

시간대	활동	느낌
아침	세수하고 준비	
오전	학교 수업	
점심	친구와 이야기	
오후	숙제	
저녁	가족과 TV	
잠자기 전	독서	

2. 활동을 소리로 표현해 보기

각 활동과 감정에 맞는 소리 도구나 악기 소리, 손뼉이나 말소리를 연결해요.

활동 느낌	소리 예시
차분해요	낮고 느린 북, 손바닥 탁탁
활기차요	빠른 탬버린, 딱딱 소리
익숙해요	일정한 리듬의 드럼, 박수
편안해요	쉼표(아무 소리도 안 내기)
긴장돼요	두꺼운 책 치기, 무겁고 강한 소리
즐거워요	종소리, 방울, 밝은 멜로디

교실에서 타악기, 소도구, 일상 소리(책상 두드리기, 연필통 흔들기 등)를 활용할 수 있어요.

3. 나만의 하루 리듬 작곡하기

활동지 또는 음악 오선지 모양에 각 시간대를 한 마디의 리듬으로 만들어요.

6~8개의 리듬을 만들면 나의 하루 리듬 곡이 완성돼요.

느낌	리듬 표현 예시	음표 설명
차분해요	♪ ── ── ♪	느린 박자와 긴 음표 (차분한 분위기)
활기차요	♪ ♪ ♩ ♪	빠른 리듬과 짧은 음표 (에너지 넘침)
익숙해요	♩ ♩ ♩ ♩	규칙적이고 반복되는 리듬 (익숙함)
편안해요	♪ ── ♩ ──	여유 있는 리듬과 쉼표 포함 (편안함)
긴장돼요	♩ ♩ ♪ ♪ ♩	빠르고 불규칙한 리듬 (긴장감 표현)
즐거워요	♪ ♩ ♪ ♩ ♪	밝고 경쾌한 리듬 (즐거운 느낌 강조)

- 제목 정하기: "나의 하루는 ○○ 같은 음악이에요!"

- 느낌 설명: "이 소리는 ○○할 때 기분이에요."

4. 발표하고 함께 듣기

- 1명이나 2명이 한 조가 되어 발표해요.

- 손뼉, 말소리, 악기 등을 활용하여 자신의 하루 리듬을 연주해요.

- 친구 리듬을 듣고 감상평을 써요.

> (예)
>
> "네 하루는 재밌는 놀이 같았어!"
>
> "너무 빠르다고 느껴졌어. 조금 쉬는 리듬도 있었으면 좋
>
> 겠어."

_____

_____

_____

_____

❖ 탐색 질문

- 내 하루 리듬은 너무 빠르거나 너무 느리지 않았나요?

- 쉼표가 부족하진 않았나요?

- 다음 주엔 어떤 리듬으로 하루를 보내고 싶나요?

❖ 응용 활동

- 수업 전후에 '오늘의 리듬 점검 타임'을 운영하여 학생들이 자신의 생활 리듬을 돌아볼 수 있도록 할 수 있어요.

- 학교 축제나 학급 발표회에서는 '우리 반 하루 리듬 앙상블'을 만들어 함께 발표해 보세요.

- 미술과 연계해서는 자신의 리듬을 색과 선으로 표현한 리듬 포스터를 제작해 보세요.

습관 이야기

『아주 작은 습관의 힘(Atomic Habit)』에서 배운 습관

"작은 습관이 큰 변화를 만든다!"
『아주 작은 습관의 힘』은 전 세계 사람들이 사랑한 책이에요. 이 책은 "좋은 습관은 작고 가벼운 행동에서 시작된다"라고 말해요. 원서의 제목에 들어있는 Atomic은 '아주 작지만 강한 힘을 가진 원자'라는 뜻이에요.

그럼 좋은 습관은 어떻게 만들 수 있을까요?

❖ 제임스 클리어는 습관을 만드는 4단계를 소개해요.

1. 눈에 띄게 만들기 – 매일 보는 곳에 목표 붙여 놓기

2. 매력 있게 만들기 – 내가 좋아하는 방식으로 바꾸기

146

3. 쉽게 만들기 – 1분 안에 할 수 있게 작게 나누기

4. 기분 좋게 만들기 – 성공할 때마다 뿌듯함을 느끼기

예를 들어, '매일 책 30쪽 읽기'는 어려워도, '매일 자기 전에 2쪽만 읽기'는 쉽게 할 수 있어요.

작은 행동을 계속 반복하면, 어느새 커다란 습관으로 자라나요.

이 책은 말해요.

"변화는 단번에 생기지 않아요. 하지만 매일 1%씩 달라지면, 1년 후엔 완전히 달라진 내가 되어 있을 거예요."

나만의 작은 습관 바꾸기(7일 도전!)

『Atomic Habits』에서는 습관을 만들기 쉽게 하려면 다음 4가지를 기억하라고 해요.

1. 눈에 잘 보이게	2. 하기 쉽게
3. 재미있게	4. 성공을 느끼게

나도 오늘부터 도전

너무 어렵게 말고, 1분 안에 할 수 있는 작고 쉬운 습관 하나를 골라 보세요.

✔ 내가 실천할 작고 좋은 습관

_____

> 예
>
> - '책 30쪽 읽기' → '딱 1쪽만 읽기'
> - '운동 20분 하기' → '윗몸 일으키기 10번만 하기'
> - '일기 쓰기' → '오늘 있었던 일 한 줄 쓰기'

요일	실천했나요? (✓/X)
월요일	
화요일	
수요일	
목요일	
금요일	
토요일	
일요일	

실천 후 나는 무엇이 달라졌나요?

_____

_____

_____

❖ 탐색 질문

『아주 작은 습관의 힘』처럼 생각해 보세요.

- 나는 왜 이 습관을 바꾸고 싶을까요?

- 이 습관이 나에게 어떤 좋은 기분이나 성공 느낌을 주었나요?

- 이 습관을 더 쉽게 만들기 위해 장소, 시간, 방법을 어떻게 바꿔 볼 수 있을까요?

- 내일 하루를 더 나답게 만들기 위해, 나는 어떤 작은 한 가지를 해 볼 수 있을까요?

처음 시작하는 IB 수업

나를 알아가요
(Who We Are)

1판 1쇄 발행
2025년 10월 30일

지은이 김선 | **발행처** 도서출판 혜화동
발행인 이상호 | **편집** 이희정
주소 경기도 고양시 일산동구 위시티3로 111
등록 2017년 8월 16일 (제2017-000158호)
전화 070-8728-7484 | **팩스** 031-624-5386
전자우편 hyehwadong79@naver.com

ISBN 979-11-90049-53-5 (74370)
ISBN 979-11-90049-52-8 (세트)

* 책값은 뒤표지에 있습니다.
* 잘못된 책은 바꾸어 드립니다.